Tu es aujourd'hui ce que tu étais hier : ce ne serait pas persécuter l'Église que cesser de le persécuter.

FIN

Magny. — Imp, O. Petit.

LES IDÉES

DE

JEAN-FRANÇOIS

IV

LA VÉRITÉ DU SUFFRAGE UNIVERSEL

AVANT, PENDANT ET APRÈS

Par JEAN MACÉ

PARIS

EMMANUEL VAUCHEZ, ÉDITEUR

175, rue St-Honoré, 175

1872

LA VÉRITÉ

DU

SUFFRAGE UNIVERSEL

avant, pendant et après

~~~~~~~~

Quelques-uns prétendent
que cette assemblée ne se
séparera pas sans avoir rema-
nié notre loi électorale. Elle

aurait bien raison, à la condition, cela va sans dire, que nos députés ne toucheront pas au droit de vote de ceux qui les ont nommés. Défaire ce qui vous a fait, flanquer ses maîtres à la porte, en langage sans façon, il est clair que ce n'est pas permis. On ne conçoit pas de délégation de pouvoir qui puisse aller jusque-là.

Il y aura vingt-quatre ans au 24 février prochain que j'ai été élevé à la dignité d'électeur français et que je me vois souverain, pour ma part, d'un des premiers pays du monde. Vous dire combien peu de satisfaction j'ai eu dans l'exercice de mon droit de souveraineté me prendrait plus de temps que vous n'en avez à perdre. Je ne sais comment cela s'est fait, ou plutôt je ne le sais que trop bien, mais il se trouve que je n'ai pas encore été une seule fois représenté, ce qui s'appelle là représenté, selon mon cœur. La représentation nationale n'a encore été pour moi qu'une amère dérision, une mauvaise plaisanterie, pour dire le vrai mot. Encore me reste-t-il la consolation de n'avoir pas été dupe! C'est une chance heureuse que j'ai eue, car d'aussi fins que moi y ont été pris. Et qu'aurais-je donc à dire s'il m'était arrivé, comme à un si grand nombre de mes co-souverains, de me trouver un beau jour représenté par un ennemi, ce qui est bien pire que de n'être pas représenté du tout.

La loi électorale d'un pays, avec le suffrage universel, est sa véritable constitution politique. Si elle est bien faite, et qu'elle ait derrière elle une population de citoyens résolus à veiller sur son application, le surplus de la forme gouvernementale n'a plus pour moi, je dois en faire l'aveu, qu'une importance secondaire. Quelle que soit la combinaison imaginée, — il va de soi qu'une population comme je viens de la supposer n'ira pas se

faire cadeau d'un empire he-
réditaire, — la main qui sera
au gouvernail dirigera toujours la barque, bon gré,
mal gré, dans le sens que la
volonté nationale aura dé-
cidé. Or, la République, c'est
cela et pas autre chose; d'où
il suit, toujours selon moi,
qu'une république contre la
volonté nationale, c'est un
non-sens, un bâton à un
seul bout, une chose qui n'a
pas d'existence possible, et
qu'on perd son temps à en
parler.

Une loi électorale bien faite est donc le premier besoin d'un pays qui veut vivre en république, et comme je suis de ceux qui préfèrent la forme républicaine à toute autre, en fait de gouvernement, comme je n'en vois pas d'autre possible, qui plus est, dans cet infortuné pays, perdu à tout jamais pour la foi monarchique, partant déshérité des douceurs de l'institution, je ne connais pas de question qui mérite plus d'occuper

chez nous l'esprit des citoyens.

Ce n'est pas d'hier qu'elle
occupe le mien, et je vais
exposer l'idée que je suis
arrivé à me faire du meilleur
système électoral.

Mais voyons d'abord par
où pèche celui qui est en
vigueur. Son procès sera
bientôt fait.

Il a trois vices princi-
paux :

1° Il tient l'élu quitte de
toutes les promesses du candidat, et lui permet de jouer

trèfle après avoir annoncé cœur.

2° Il ne reconnaît dans une circonscription électorale que l'élément vainqueur et supprime les autres, au lieu de laisser à chacun, comme le veut la justice, une part de représentation proportionnelle à sa force.

3° Il met tous les élus sur le même pied, quel que soit le nombre d'électeurs que chacun d'eux a derrière lui, et donne ainsi aux bulletins de vote, parmi ceux qui comptent, une valeur d'un dix-millième de voix à ceux-ci, d'un vingt-millième à ceux-là, d'un trente-millième à d'autres, ce qui est inique.

Bernée ici, là mise à néant, surfaite ailleurs ou dépréciée, au hasard des lieux, que devient, dans ces traquenards et ces balances à faux poids, la part de souveraineté dont m'a investi le suffrage universel ?

La réforme à faire devra donc porter sur ces trois points. Il s'agit de rétablir la vérité du suffrage universel avant, pendant et après l'élection.

Avant

L'armée des candidats aura beau s'en défendre et se draper dans de majestueuses indignations, pour un pays troublé comme le nôtre, qui fait peau neuve, et où, du jour au lendemain, tout peut être remis en question, le mandat impératif est de rigueur. Plus tard peut-être on pourra s'en passer, comme s'en passe impunément la Suisse, qui n'a pas à craindre de s'endormir un soir république et de se réveiller au matin monarchie. Encore la Suisse elle-même ferait-elle aussi bien de s'en accommoder. Il y a là une question toute simple de probité vulgaire, où la politique proprement dite n'a rien à voir. La part de souveraineté de l'élu n'ayant sa raison d'être que dans toutes les parts accumulées sur sa tête, dans les titres dont il est porteur, pour emprunter au monde des affaires l'expression qui rendra le mieux ma pensée, c'est un abus de confiance inadmissible, un cas de police correctionnelle en définitive, que le fondé de pouvoirs agisse contre la volonté connue du propriétaire.

Voilà le principe, qui ne comporte pas de discussion. Il n'en est pas de même de l'application.

Et tout d'abord, le propriétaire a-t-il une volonté bien arrêtée? S'il l'a, qui la fera connaître? En d'autres termes, qui rédigera le mandat impératif?

Il ne manquera pas, me direz-vous, de comités pour se charger de la rédaction. Je le sais, et c'est là précisément la raison vraiment sérieuse des adversaires du mandat impératif. C'est un quatrième mode d'escamotage du suffrage universel que ces comités électoraux, un mode d'escamotage que je n'ai pas mis sur ma liste parce que la loi n'y peut rien, si ce n'est l'affaiblir par l'ensemble de ses dispositions, et qu'il est nécessaire, en somme, dans l'état actuel des choses. Dicter son choix à l'électeur, sans qu'il puisse trop s'en défendre, c'est déjà beaucoup assurément. Le mandat impératif, s'il était loisible aux comités de s'emparer de sa rédaction, les rendrait omnipotents, de trop puissants qu'ils sont déjà. Il leur livrerait l'élu, sans af-

franchir l'électeur, et couvri-
rait le pays d'une multitude
de petites assemblées souve-
raines, d'où partiraient autant
de fils faisant mouvoir des
pantins, intitulés représentants de la nation. Or, de
quoi, je vous prie, un comité
élec.oral peut-il, en bonne
conscience, se composer, à
moins d'un suffrage à deux
degrés, à trois peut-être, ré-
gulièrement organisé? D'in-
dividualités sans mandat,
pour leur appliquer un mot
qui a fait quelque bruit sous

l'empire, et qui vient de lui-même se placer ici sous ma plume.

Ce rôle de pantin, on l'a dit et redit, aucun homme de valeur ne consentirait très-certainement à l'accepter. C'est le thème sur lequel se brodent les indignations dont je viens de parler, et je n'aurais garde de leur donner tort sur ce terrain-là.

Mais qui donc alors le rédigera, ce mandat nécessaire, dont on ne peut pourtant pas colporter le projet de maison en maison, ni faire voter le texte par tous les électeurs réunis? Impossibilité pratique à part, ils ne tomberaient jamais d'accord.

Il y a un rédacteur tout indiqué : c'est le candidat lui-même. La chose sera d'autant plus facile, qu'il rédige déjà son mandat : il ne reste plus qu'à donner force de loi à sa rédaction. Au lieu d'être faite sur papier libre, qu'elle le soit sur papier timbré !

Qu'est-ce, s'il vous plaît,

que la profession de foi du candidat, sinon un engagement solennel, portaut sa signature. Le déclarer tenu de faire honneur à sa signature, pensez-vous que ce soit lui imposer un rôle de pantin? N'est-ce pas plutôt, bien au contraire, lui interdire la faculté d'être un pantin, pour prendre le mot dans le sens énergique que le peuple lui a donné? Et il ne doit pas suffire ici d'échapper à la trahison avouée par un plongeon dans

les couloirs où une absence
par indisposition au moment
du vote. Faire honneur à sa
signature, c'est payer le billet
qu'on a signé. Informez-vous
dans le commerce du pro-
cédé qui consiste à ne pas
être à la maison un jour
d'échéance !

Que diriez-vous d'une dis-
position législative statuant
que le vote de l'élu est acquis
d'avance à toute mesure ca-
tégoriquement promise dans
la profession de foi du candidat, et que, absent ou pré-

sent, le représentant sera inscrit d'office, selon qu'il l'aura annoncé aux représentés ?

Grands dieux ! vont s'écrier les artistes en parole et ceux dont ils font les délices, à quoi bon dès lors la discussion au parlement, — le mot n'est pas là pour rien, — et que deviendra la tribune française, cette gloire du pays ?

Je confesserai tout d'abord mon peu de vénération pour cet illustre tremplin de la tribune française, qui nous a lancé tant de sauteurs au pouvoir, et sur lequel se perdent en exercices, que j'accorde admirables, tant d'heures qui pourraient servir à mieux. Me traite de barbare qui voudra, mais j'échangerais de grand cœur cette gloire ruineuse de mon pays contre l'usage moins artistique que font de la parole la Suisse et les États-Unis, où chacun sait parler, sait du moins ouvrir la bouche quand il a quelque chose à dire, et où le grand orateur fait généralement défaut, parce que le genre oratoire y est un genre ingrat, d'un mauvais rendement, cultivé en conséquence.

Cette confession faite, on me permettra bien d'avancer qu'un homme, assez sûr de lui et de ses idées pour briguer l'honneur de représenter ses concitoyens, doit avoir sur un certain nombre de points des idées arrêtées, n'attendant pas la discussion pour se faire. Voilà, par exemple, cette question de la séparation de l'Église et de l'École, qui se trouve mise en ce moment sur le tapis d'un bout du pays à l'autre : je défierais bien toutes les discussions du monde de faire changer d'avis sur ce point là ceux qui en ont un. Ils peuvent annoncer leur vote de confiance, s'ils sont sincères dans leur déclaration : les arguments de la partie adverse n'auront pas de prise sur eux.

Et que feront ceux qui n'ont pas d'opinion arrêtée sur la question ?

Rien n'est plus simple. Ils le diront, ou, ce qui est plus simple encore, ils n'en parleront pas. Leurs électeurs seront avertis.

Là est, en effet, la vraie solution. Il ne s'agit pas, il ne saurait s'agir d'une assemblée de machines à voter, fermée aux hommes ayant souci de leur dignité. Aucun homme de valeur, de conscience aussi, n'est-ce pas,

— l'un ne va pas sans l'autre en politique, — ne pourra se sentir atteint dans sa dignité par un mandat impératif qu'il se sera dicté à lui-même. Libre même à lui, s'il le juge à propos, de se réserver sa liberté d'action pleine et entière sur tous les points, en ne contractant d'engagement sur aucun. C'est affaire à ses électeurs de le prendre tel quel, si cette mâle indépendance leur sourit et s'ils n'ont rien qui leur tienne bien réellement à cœur. Non, il n'y a là rien d'humiliant, ni même de gênant, pour l'honnête homme sachant à quoi s'en tenir sur ce qu'il pense et ce qu'il veut. Quant aux autres, la profession de foi cessera d'être pour eux un morceau de littérature, pour ne pas dire un boniment de saltimbanque. Le mot est dur; mais de quel terme plus poli se servir pour quelques-uns? Ceux-là s'en tireront comme ils pourront. Et si la lumière se fait après coup dans l'âme des innocents, dissipant la brume des convictions qu'ils se croyaient, ils donneront leur démission. Un converti n'est plus l'homme que les électeurs ont nommé : le cas est rédhibitoire.

Pendant et Après

Je vois flotter devant moi, en imagination, notre drapeau tricolore que M. de Chambord a si bien fait, à tous les points de vue, de

répudier. Quelle représentation fidèle il ferait de la volonté nationale, si ses bandes
pouvaient se rétrécir ou
s'élargir dans la proportion
exacte de la place occupée
chez nous, politiquement
parlant, par leurs trois cou-
leurs, en se nuançant de
toutes les teintes qui vont
de l'une à l'autre sur la
palette indécise de l'opinion
générale du pays.

C'est cet idéal que je vou-
drais voir réalisé.

Il y a dans notre ciel poli-

3

tique trois grands centres d'attraction, trois étoiles, blanche, bleue, rouge, autour desquelles tourneront d'ici à longtemps toutes les professions de foi électorales, des plus pâles aux plus foncées. Nommons-les — rien de tel qu'un nom pour rendre une idée vivante — Belcastel, Thiers et Gambetta.

Donnez à chaque circonscription électorale trois représentants à élire, et que chaque électeur porte sur son bulletin un nom, celui de l'homme de son choix. Le scrutin dépouillé, les candidats, dont les professions de foi ne contiendront pas de promesses incompatibles, pourront grouper comme ils l'entendront sur un d'entre eux les voix obtenues par chacun, et les trois hommes qui réuniront ainsi le plus de voix seront proclamés représentants.

A l'Assemblée, le bulletin de vote de chaque représentant comptera pour autant d'unités qu'il y aura eu de voix groupées sur son nom.

Voyons, pour commencer, le double avantage administratif de la combinaison.

En premier lieu, la question, actuellement si délicate, de l'établissement des circonscriptions électorales s'y trouve on ne peut plus simplifiée. Qu'il soit plus fort ou plus faible, le chiffre de leur population devient à peu près indifférent comme lutte de partis, puisque leur valeur représentative hausse ou baisse avec lui, et il ne peut plus être question de noyer, comme on dit encore, une catégorie de votes dans un flot de votes contraires. Cent mille voix sur un nom n'en font pas perdre une seule à celui qui n'en a réuni que cinq mille.

En second lieu, elle débarrasse le pays des scrutins de ballottage, qui sont un surcroît déplaisant de besogne pour l'administration, de dérangement pour l'électeur, et prolonge la fièvre électorale, énervante à la longue, sans autre résultat qu'un discrédit jeté sur les élections faites en deux fois.

Mais l'avantage sérieux, j'oserai dire inappréciable, c'est la transformation radicale du mode actuel de l'élection, à savoir :

1° La liberté d'action rendue à l'électeur ;

2° La répartition du pouvoir législatif faite entre les groupes électoraux dans la juste proportion de leur force et des tendances qu'ils manifestent ;

3° Enfin, et par-dessus tout, la part de souveraineté de chaque citoyen sauvegardée, son bulletin de vote acquis à ses idées, non-seulement le jour de l'élection, mais pendant toute la durée de la législature, et sans jamais rien perdre de sa valeur réelle.

Ce qui désarme les velléités de résistance à l'initiative trop souvent usurpatrice des comités, ce qui détermine bien des citoyens, qui en préféreraient un autre à mettre docilement dans l'urne le bulletin qu'on leur met dans la main, c'est la nécessité où ils se voient de voter avec le bataillon organisé, sous peine de jeter leur vote par la fenêtre. Autant de votes perdus dans un parti, autant de chances données à l'adversaire, et comme ici *être ou n'être pas* est bien réellement la question, on entre dans les rangs, pour ne pas déserter devant l'ennemi; on abdique, par discipline. La belle souveraineté, je vous demande un peu, qui s'exerce disciplinairement, sur un mot d'ordre venu quelquefois on ne sait d'où !

Du moment que chaque vote déposé au compte d'une idée, sur n'importe quel nom, doit se retrouver toujours à son avoir quand se fait l'accord entre candidats du même bord, tout danger de trahison par indiscipline disparaît. Adieu dès lors la consigne des comités, qui n'ont plus à donner, comme le veut le bon sens, que des conseils,

et le souverain reprend, en
toute sécurité de conscience,
le plein et libre exercice de
sa souveraineté.

Ceci est affaire de satisfaction personnelle, qui n'en a
pas moins son importance
dans une république nais-
sante, où les citoyens ont
encore à faire leur appren-
tissage d'hommes libres, pour
avoir été trop longtemps
troupeau conduit au pâtu-
rage. Un autre avantage, bien
autrement important, s'at-
tache à cette représentation

exacte et permanente, homme pour homme, des partis qui se disputent la direction du pays. Plus de subterfuge possible, ni de situation menteuse; plus de minorité jonglant avec les chiffres pour prouver qu'elle est la majorité, mais aussi plus de ces trompe-l'œil de majorités écrasantes dans une assemblée, qui ne correspondent à rien de semblable dans la population d'où cette assemblée procède. Ayant leur compte en règle, toujours

présent, les partis ne sau-
raient plus garder d'illusions
sur leur faiblesse, non plus
que sur leur force, et, comme
il arrive toujours quand·on
est en face des réalités fran-
chement accusées, ils se res-
pecteraient davantage, forcés
chacun de reconnaître qu'il
serait moins facile d'avoir
complètement raison des
contradicteurs qu'on ne se
laisse aller trop volontiers à
le croire dans tous les
camps.

De là retour au calme,

meilleure part faite à la froide raison, apaisement des esprits, toutes choses dont nous avons tant besoin !

Ce qui gagnerait surtout en respect, — et quel besoin aussi n'en avons-nous pas ! — ce serait l'Assemblée elle-même, protégée contre toute récrimination par la présence réelle de tous les électeurs sur les bulletins de leurs vrais représentants, tandis qu'actuellement il n'est pas un seul de ses membres auquel des milliers

de gens volés ne soient en
droit de montrer le poing.

Qu'on me laisse dire deux
mots là-dessus.

J'ai reproché au système
électoral actuel, en énumé-
rant ses vices, de ne reconnaître que l'élément *vainqueur*, et c'est une expression
usuelle que celle-ci : la
défaite électorale d'un parti.

Victoire ! défaite ! sont-ce
là des mots qui devraient
avoir cours, à propos de
l'élection d'un représentant,
c'est-à-dire de l'exercice d'un

droit personnel, acquis à chaque citoyen, dont nul ne saurait être dépouillé sans injustice ?

Vous imaginez-vous une troupe de rentiers venant toucher leurs rentes, chacun son titre à la main, qui se partagerait devant le guichet du payeur en deux bandes, dont la plus forte toucherait tout, l'autre s'en retournant à vide ? Serait-ce une scène de pays civilisé ?

C'est pourtant le spectacle que l'on nous donne à chaque

)

élection, plus barbare encore, car non-seulement les
bulletins des vaincus sont
déchirés, mais, de plus,
l'ennemi combattu devient,
par une fiction irritante, le
représentant officiel de ses
adversaires, qui n'y peuvent
rien.

Quand je songe comment
et par quels porte-drapeaux
j'ai été représenté pendant
vingt ans, moi qui parle, je
comprends dans quel trouble
peuvent être jetés les simples,
et la difficulté qu'éprouve à

entrer dans leur tête cette idée abstraite du respect de la représentation nationale, sans laquelle il n'y a pas de république possible. Où est-elle pour eux, cette représentation, quand l'homme qui est censé les représenter représente précisément ce qu'ils combattent?

« Nous sommes le respect, » a dit un jour je ne sais plus quel archevêque - sénateur, cherchant à se faire valoir. Arrogante parole, et vide! On peut écraser l'âme par la terreur, et la rendre impropre à la résistance en la stupéfiant; mais le respect intérieur, le seul qui soit viril et salubre, le seul utile au pays, le seul qui soit le respect, et non pas l'avilissement, celui-là ne s'implante pas du dehors. C'est le produit spontané de la conscience et de la raison se déclarant satisfaites, et commandant à la volonté de s'incliner devant ce qui les satisfait.

Trouvez un système de

représentation nationale qui satisfasse la conscience et la raison, et ce respect, qui a trop manqué jusqu'à présent à la nôtre, s'imposera de lui-même aux esprits les plus incultes, et nous pourrons nous passer de sauveurs, nous sauvant nous-mêmes.

Maintenant, le système que je viens d'exposer satisfait-il la conscience et la raison? Je le crois, puisque ma conscience, à moi, et ma raison s'en déclarent satisfaites. Je n'ai pas d'autre moyen d'en juger. De m'imaginer qu'on ne trouvera pas de défaut à sa cuirasse, si on lui fait l'honneur de le discuter, et qu'on ne parviendrait pas chez nous à en faire aussi mauvais usage, je n'aurais garde. Inventez donc une loi électorale qui donne l'intelligence aux ignorants, le patriotisme aux indifférents, la moralité aux ambitieux, et qui déjoue, par la seule vertu de ses articles, les manœuvres des traîtres, une tourbe inerte d'hommes sans patrie

les regardant faire. La vérité
du suffrage universel ! Nous
avons fort à faire ici avant
qu'elle y soit belle ; et tant
qu'elle ne le sera pas, qu'y
pourront, je vous le de-
mande, nos combinaisons lé-
gislatives ?

Je sais un article 1er à
mettre en tête de la loi électorale qu'il nous faudrait. Il
instituerait l'instruction obligatoire, qu'on réclame en
vain depuis tant d'années, et
qu'il serait bientôt temps de
voir venir, vu qu'elle ne

pourra guère produire un commencement d'effet appréciable que dans une bonne vingtaine d'années, et que c'est bien long, vingt ans, pour un pays en détresse.

Raison de plus, n'est-ce pas? pour en finir au plus vite avec une nécessité de cette époque, à laquelle les plus récalcitrants sentent bien au fond qu'on ne peut pas échapper. S'il faut attendre vingt ans après le vote de l'instruction obligatoire pour arriver à un chiffre sérieux d'électeurs, ayant tous passé par l'école, combien d'années faudra-t-il attendre avec des assemblées qui ne voudront pas la voter ?

Aussi bien ne faudrait-il pas s'abuser sur la portée des réformes électorales qu'il est raisonnablement permis d'espérer maintenant. Ce n'est pas l'Assemblée du pacte de Bordeaux qui nous donnera la vérité du suffrage universel, j'en ai bien peur pour elle, à en juger par la loi d'instruction primaire dont nous sommes menacés, du fait de ses meneurs, les maîtres du respect, mais quel respect !

Tout au plus fera-t-elle cet effort de décréter pour le député *l'obligation morale* de respecter sa parole de candidat, comme on lui propose de la décréter pour le père de famille qui ne respecte pas le droit à l'instruction de son enfant. La bonne plaisanterie à l'endroit des consciences en faute, auxquelles la contrainte légale serait nécessaire précisément parce qu'elles demeurent fermées à l'obligation morale ! Ce n'est pas, à coup sûr, cette obligation que réclame le million de signatures recueillies en moins d'un an par toute la France !

Et ceci me rappelle que j'ai passé sous silence, dans ma critique du système électoral actuel, le pire peut-être de ses vices, la possibilité d'une assemblée ne représentant plus même la majorité qui l'a nommée, allant au

rebours de la volonté nationale, dont elle a pu être l'expression dans un moment
donné, et continuant à se dire
et à se croire la souveraine
légitime du pays, quand elle
n'est plus en réalité qu'une
usurpatrice qui prolonge contre toute justice un règne
expiré en droit.

Le vrai remède à cela, ce
serait que l'électeur demeurât
investi en permanence de la
faculté de retirer sa procura-
tion au représentant qui ne
le représente plus, et de s'en

choisir un autre à sa guise,
absolument comme on change
d'homme d'affaires à volonté, sans qu'il vienne jamais à l'esprit de personne
qu'on puisse se trouver enchaîné à celui dont on ne serait pas content.

En principe, les deux cas
sont bien les mêmes, c'est de
toute évidence. Ils cesseraient
de l'être à l'application, je
suis bien forcé d'en convenir.
J'avouerai même que je ne
vois pas bien d'ici le moyen
pratique d'appliquer cette

doctrine du droit individuel au changement à volonté de représentant. Il y faudrait des conditions sociales qu'il est inutile d'énumérer, puisqu'elles n'existent pas. Mais, sans poursuivre ambitieusement l'idéal qu'il est bon pourtant d'avoir présent à l'esprit, même quand on renonce à l'atteindre, on peut toujours faire le procès à ce qui s'en écarte trop insolemment.

Faire le procès, cela ne veut pas dire jeter à bas vio-

lemment, un procédé dont il
ne doit pas être question
dans les républiques qui veu-
lent vivre, comme la nôtre,
j'imagine. Cela veut dire en
appeler à la justice, dont les
arrêts finissent toujours par
s'exécuter quand on a la sa-
gesse de ne pas les compro-
mettre.

Heureux les pays où les
situations fausses se dé-
nouent d'elles-mêmes sous la
pression toute-puissante de
la conscience publique, où la
pudeur s'impose à qui serait

tenté de s'en affranchir, où la
pensée du salut de la patrie
est plus forte que les factions
dans les âmes mêmes qu'elles
ont enrôlées ! Puisse notre
malheureux pays prouver
bientôt au monde qu'il est
de ceux-là !

Magny en Vexin. — Imp. O. Petit.

Contraste insuffisant

NF Z 43-120-14

www.ingramcontent.com/pod-product-compliance
Lightning Source LLC
Chambersburg PA
CBHW070950280326
41934CB00009B/2053